Fancy

Annelies Karduks

FORTE UITGEVERS | FORTE PUBLISHERS

Inhoud *Contents*

© 2006 Forte Uitgevers, Utrecht
© 2006 for the translation by the
publisher
Original title: *Fancy Brodery*

ISBN 90 5877 668 9
NUR 475

This is a publication from
Forte Publishers BV
P.O. Box 1394
3500 BJ Utrecht
The Netherlands

For more information about the
creative books available from
Forte Uitgevers:
www.fortepublishers.com

Final editing: Gina Kors-Lambers,
Steenwijk, the Netherlands
Photography and digital image editing:
Fotografie Gerhard Witteveen,
Apeldoorn, the Netherlands
Cover and inner design:
BADE creatieve communicatie,
Baarn, the Netherlands
Translation:
Michael Ford, TextCase,
Hilversum, the Netherlands

Voorwoord *Preface*

Voor je ligt het derde boekje over Brodery. Voor deze nieuwe uitgave heb ik een derde serie broderymallen bedacht. Deze keer heb ik drie verschillende sets mallen ontworpen. Eén set bestaat uit een hoek en een binnenvorm. Door de mallen samen te gebruiken, ontstaan aparte combinaties. Uiteraard kun je de mallen ook apart verwerken op kaarten. Ik wens je veel plezier met het maken van de nieuwe broderykaarten.

Wil je op de hoogte blijven van alles wat ik in de toekomst nog voor je in petto heb kijk dan op blz. 32.

Creatieve groeten, Annelies Karduks

I have designed a third series of Brodery templates for this third Brodery book. This time, I have designed three different sets of templates. Each set consists of a corner piece and a centre piece. By combining the templates, you get some wonderful results. Of course, you can also use the templates individually to make cards. I wish you lots of fun making the new Brodery cards.

See page 32 if you wish to remain informed of what I have in store for you in the future.

Have fun, Annelies Karduks

Technieken *Techniques*

Lees deze instructies heel goed en bekijk de stap-voor-stap foto's voor je aan het werk gaat.

Tip: Teken waar nodig potloodlijnen en gebruik deze samen met de hulplijnen, het hulpkruisje en de hulpstip in de mallen om te spiegelen, de vorm in delen te snijden, het midden van de kaart op te zoeken enz.

Snijden
Plak de mal met non-permanente tape op het embossing-karton. Snijd de rand of vorm. Verplaats de mal waar nodig.

Embossen
Plak de broderymal met daarop het embossingkarton op de lichtbak. Embos (een gedeelte van) het patroon, door de verlichte vormen na te trekken met een embossingpen. Verplaats waar nodig het karton om de resterende motiefjes te embossen. Gebruik eventueel Pergasoft om soepeler te kunnen embossen.

Embossen op vellum
Trek alleen de randjes van de verlichte vormen na met de embossingpen.

Stempelinkt
Het mooiste resultaat met stempelinkt krijg je na het embossen en voor het prikken. Draai na het embossen de mal met het embossingkarton om en leg ze op je werkvlak. Plak eventueel de delen die je niet wilt deppen af met plakband. Plak de mal vast. Voorzie het stempelstokje van stempelinkt en dep/veeg het motief. Laat de stempelinkt drogen of versnel het droogproces door de inkt te verhitten met de heattool.

Prikken
Draai het geëmboste karton en de mal om en leg ze op een prikmat. Kies een patroon en prik hiervoor de gaatjes met de zeer fijne prikpen. Herhaal dit patroon zo vaak als nodig is. Prik gaatjes waar meerdere draden doorheen gaan met de fijne prikpen. Kijk aan de achterkant of alle benodigde gaatjes zijn geprikt. Gebruik eventueel een penverdikker om de prikpen.

Borduren
Steek de draad vanaf de achterkant naar voren en plak de draad buiten het patroon vast met plakband. Borduur de patronen. Zorg dat de draden netjes strak over de kaart lopen en hecht de draad aan de achterkant weer af met plakband. Maak eventueel de gaatjes aan de achterkant dicht.

Belangrijk: Werk secuur.

Carefully read these instructions and look at the Step-by-step photographs before starting.

Tip: Where necessary, draw pencil lines and use these, together with the guide lines, the guide cross and the guide dot on the templates, to mirror the shape or pattern, to cut the shape into a number of pieces, to find the middle of the card, etc.

Cutting
Use non-permanent adhesive tape to stick the template on the embossing card. Cut the border or the shape and move the template if necessary.

Embossing
Stick the embossing card on the template and stick the template onto a light box. Use an embossing stylus to emboss (part of) the pattern by copying the shapes which are illumi-

nated. Where necessary, move the card to emboss the rest of the pattern. If you wish, you can use Pergasoft to make the embossing easier.

Embossing on vellum
Only copy the circumference of the illuminated shape using the embossing pen.

Stamp-pad ink
The best result when using stamp-pad ink is achieved if you apply it after the embossing and before the pricking. After embossing, turn the template and the card over and place them on your work surface. If you wish, use adhesive tape to cover the areas which you do not wish to dab with ink. Stick the template in place. Apply stamp-pad ink to the sponge stick and dab or brush the pattern. Allow the stamp-pad ink to dry or speed up the drying process by heating the ink with a heat gun.

Pricking
Turn the embossed card and the template over and place them on a pricking mat. Choose a pattern and prick the holes using the extra fine perforating tool. Prick the pattern as often as necessary. Use the fine perforating tool to prick holes where more than one thread is to be threaded through. Look at the back to see whether all the holes have been pricked. If necessary, place a tool grip around the perforating tool.

Embroidering
Thread the thread through the card from the back to the front and use adhesive tape to stick it to the back of the card, but not on the pattern. Embroider the patterns. Make sure the threads run tightly over the card and, when finished, attach the thread to the back of the card again using adhesive tape. If you wish, you can close the holes at the back of the card.

It is important to work accurately.

Gebruikte materialen *Materials*

Kaartkarton en papier: cArt-us (CA), Mi-teintes Canson (C) en Papicolor (P), van alle kartonsoorten staan de kleurnummers vermeld • Vulpotlood • Gum
• Rilpen • Snijliniaal met metalen rand • Snijmat
• Hobbymes • Broderymallen 7 t/m 18 • Mallentape
• 3M scotch removable magic tape • Plakband
• Lichtbak • Fiskars embossingtool small tip • Prikpen extra fijn • Prikpen fijn • Penverdikker • Pergasoft
• Prikmat • Parelnaaldjes • Pincetschaar • 3D knip-vellen • Fotolijm • 3D tape/blokjes en/of siliconenkit
• Instant setter • Cirkelsnijder • Xyron 150

Card and paper: cArt-us (CA), Mi-Teintes Canson (C) and Papicolor (P) (the colour of card used is mentioned in the instructions) • Propelling pencil • Eraser
• Scoring pen • Cutting ruler with a metal edge
• Cutting mat • Knife • Brodery templates 7 to 18
• Masking tape • 3M Scotch Removable Magic Tape
• Adhesive tape • Light box • Fiskars embossing tool (fine tip) • Pricker (extra fine) • Pricker (fine) • Tool grip • Pergasoft • Pricking mat • Pearl needles
• Tweezer scissors • 3D cutting sheets • Photo glue
• Foam tape and/or silicon glue • Instant setter • Circle cutter • Xyron 150

Stap voor stap *Step-by-step*

1. Snijden   *1. Cutting*

2. Embossen   *2. Embossing*

3. Prikken   *3. Pricking*

4. Borduren   *4. Embroidering*

Rode roos (omslag)

Red rose (card on the cover)

Benodigdheden

cArt-us olijfgroen 290 • Mi-teintes karton wit C335 (P 30)
• Broderymal 13 en 14 • Knipvel Elegance roos EG 5252
• Sulky rood 7054 en dennengroen 7056

What you need

cArt-us: olive green 290 • Mi-Teintes: white C335 (P 30)
• Brodery templates 13 and 14 • Elegance rose cutting sheet
EG 5252 • Sulky thread: red 7054 and pine green 7056

Werkwijze

1. Snijd, ril en vouw een olijfgroene kaart van 13,5 x 13,5 cm. Snijd een olijfgroen vierkant van 13,4 x 13,4 cm, een wit vierkant van 13 x 13 cm en een olijfgroene cirkel van 7 cm.
2. Teken op de achterkant van het witte vierkant een middenkruis. Leg broderymal 13 aan de buitenrand van het witte vierkant en snijd er een cirkel van 11,5 cm uit. Leg broderymal 14 met de middenstip op het kruispunt van lijnen van deze cirkel en snijd een cirkel van 11 cm. Volg voor het embossen, prikken en borduren de algemene werkwijze. Gebruik het tweede patroon van rechts van mal 14 en de tussenliggende stippen voor de rode onderbroken cirkel.
3. Plak de benodigde delen op de kaart. Leg nogmaals de mallen 13 en 14 op de juiste plaats en prik de twee cirkels door zowel wit karton als olijfgroene kaart. Borduur de steken.
4. Plak het olijfgroene vierkant in de kaart. Verwerk de roos in 3D.

Instructions

1. Cut, score and fold an olive green double card (13.5 x 13.5 cm). Cut an olive green square (13.4 x 134 cm), a white square (13 x 13 cm) and an olive green circle (Ø 7 cm).
2. Draw a cross on the back of the white square in the middle. Place Bordery template 13 against the outside edge of the white square and cut out a circle (Ø 11.5 cm). Place Brodery template 14 on the circle with the guide dot in the middle and cut out a circle (Ø 11 cm). Follow the general instructions for embossing, pricking and embroidering using the second pattern from the right on template 14 and the dots in-between for the red circle.
3. Stick all the parts on the card. Place templates 13 and 14 in place again and prick the two circles in both the white card and the olive green card. Embroider the pattern.
4. Stick the olive green square in the card. Make the rose 3D.

Rozen *Roses*

Witte roos *White rose*

Benodigdheden
cArt-us olijfgroen 290 • Mi-teintes gebroken wit C110 (P03) • Broderymal 18 • Patronen C en D • Knipvel Elegance roos EG 5252 • Sulky dennengroen 7056 • Strass-steentjes lichtgroen • Pons iron eagle

What you need
cArt-us: olive green 290 • Mi-Teintes: off-white C110 (P03) • Brodery template 18 • Patterns C and D • Elegance rose cutting sheet EG 5252 • Sulky thread: pine green 7056 • Adhesive stones: light green • Iron eagle punch

Werkwijze
1. Snijd, ril en vouw een dubbele olijfgroene kaart van 10,5 x 14,8 cm. Snijd een gebroken witte rechthoek van 10 x 14,3 cm en een olijfgroen vierkant van 7,5 x 7,5 cm.
2. Leg de gegraveerde lijntjes van broderymal 18 gelijk met de buitenrand en de hoek van de gebroken witte rechthoek. Volg voor het embossen, prikken en borduren de algemene werkwijze. Borduur volgens patroon C en D.
3. Pons de hoeken van het olijfgroene vierkant.
4. Plak alle delen op de kaart. Verwerk de roos in 3D. Voorzie de kaart van strass-steentjes.

Instructions
1. *Cut, score and fold an olive green double card (10.5 x 14.8 cm). Cut an off-white rectangle (10 x 14.3 cm) and an olive green square (7.5 x 7.5 cm).*
2. *Place the engraved lines of Brodery template 18 level with the outside edge and the corner of the off-white rectangle. Follow the general instructions for embossing, pricking and embroidering. Embroider patterns C and D.*
3. *Punch the corners of the olive green card.*
4. *Stick all the parts on the card. Make the rose 3D and use adhesive stones to decorate the card.*

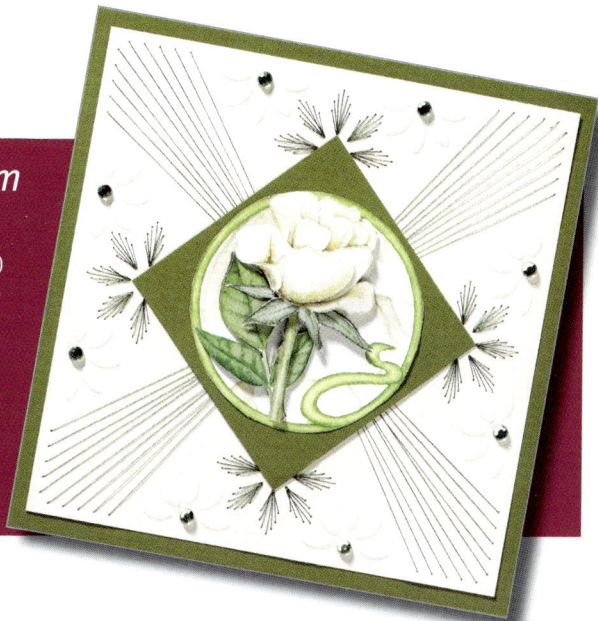

Roos op steel *Rose on a stem*

Benodigdheden

cArt-us olijfgroen 290 • Mi-teintes gebroken wit C110 (P03) • Broderymal 15 en 16 • Patroon B • Knipvel Elegance roos EG 5252 • Sulky dennengroen 7056 • Strass-steentjes lichtgroen

What you need

cArt-us: olive green 290 • Mi-Teintes: off-white C110 (P03) • Brodery templates 15 and 16 • Pattern B • Elegance rose cutting sheet EG 5252 • Sulky thread: pine green 7056 • Adhesive stones: light green

Werkwijze

1. Snijd, ril en vouw een dubbele olijfgroene kaart van 13,5 x 13,5 cm. Snijd een gebroken wit vierkant van 12,5 x 12,5 cm en een olijfgroen vierkant van 6,5 x 6,5 cm.
2. Teken op de achterkant van het gebroken witte vierkant een middenkruis. Leg broderymal 15 gelijk met de buiten-rand en de punt van de mal op de getekende lijn. Volg voor het embossen, prikken en borduren de algemene werkwijze. Gebruik het derde patroon van rechts. Leg broderymal 16 gelijk met de hoek van het gebroken witte vierkant. Prik van de buitenrand de gaatjes in de hoek en het negende gaatje en 3 tussenliggende gaatjes. Borduur volgens patroon B.
3. Plak alle delen op de kaart. Verwerk de roos in 3D. Voorzie de kaart van strass-steentjes.

Instructions

1. *Cut, score and fold an olive green double card (13.5 x 13.5 cm). Cut an off-white square (12.5 x 12.5 cm) and an olive green square (6.5 x 6.5 cm).*
2. *Draw a cross on the back of the off-white square in the middle. Place the outside edge and the point of Brodery template 15 level with the line you have drawn. Follow the general instructions for embossing, pricking and embroidering using the third pattern from the right. Place Brodery template 16 level with the corner of the off-white square. Prick the holes in the corner of the outer border, as well as the ninth hole and three holes in-between. Embroider pattern B.*
3. *Stick all the parts on the card. Make the rose 3D and use adhesive stones to decorate the card.*

Hartelijk gefeliciteerd
Many congratulations

Werkwijze

1. Snijd, ril en vouw een dubbele oudrode kaart van 10,5 x 14,8 cm. Snijd een wit vierkant van 10 x 10 cm, een olijfgroen vierkant van 9,5 x 9,5 cm, een wit vierkant van 9 x 9 cm en een olijfgroene cirkel van 7 cm, een olijfgroene strook van 2 cm en een witte strook van 1,5 cm.
2. Snijd het witte vierkant met behulp van broderymal 18 tot een achthoek. Op de buitenrand van de mal staan rijen met 17 gaatjes. Prik hiervan de buitenste gaatjes en 7 tussenliggende gaatjes. Borduur volgens patroon A.
3. Pons de hoeken van het olijfgroene vierkant.
4. Plak alle delen op de kaart. Verwerk de roos in 3D. Voorzie de kaart van een tekststicker.

Instructions

1. *Cut, score and fold an old red double card (10.5 x 14.8 cm). Cut two white squares (10 x 10 cm and 9 x 9 cm), an olive green square (9.5 x 9.5 cm), an olive green circle (Ø 7 cm), a 2 cm wide olive green strip and a 1.5 cm wide white strip.*
2. *Use Brodery template 18 to cut the white square into an octagon. There are rows of 17 holes on the outer border of the template. Prick the outermost holes and 7 holes in-between. Embroider pattern A.*
3. *Punch the corners of the olive green card.*
4. *Stick all the parts on the card. Make the rose 3D and use a text sticker to decorate the card.*

Benodigdheden
cArt-us oudrood 517 (P12), olijfgroen 290 • Mi-teintes wit C335 (P30) • Broderymal 18 • Patroon A • Knipvel Elegance roos EG 5252 • Sulky rood 7054 • Pons wrought iron • Tekststicker

What you need
cArt-us: old red 517 (P12) and olive green 290
• Mi-Teintes: white C335 (P30) • Brodery template 18
• Pattern A • Elegance rose cutting sheet EG 5252
• Sulky thread: red 7054 • Wrought iron punch
• Text sticker

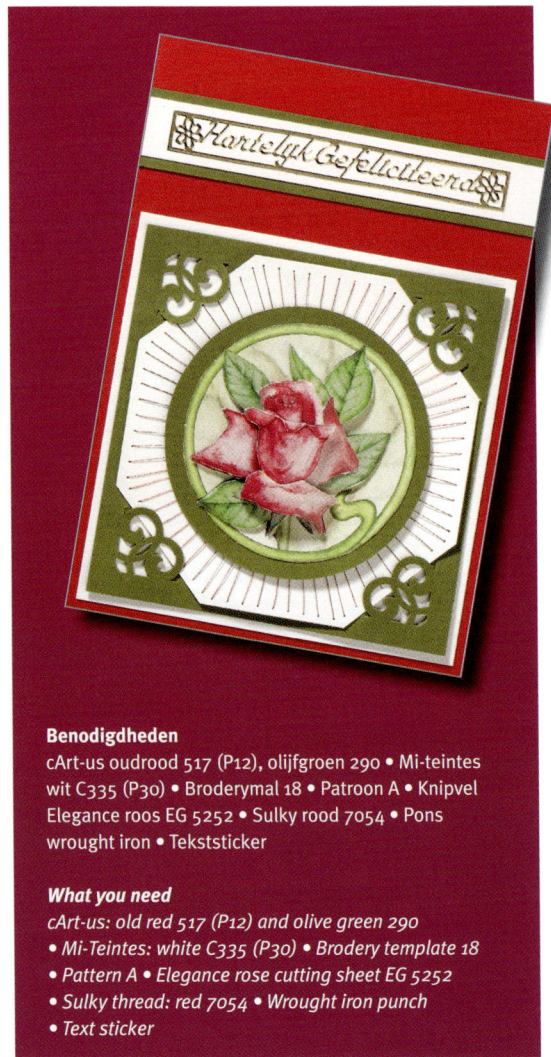

Aardbeienelfjes *Strawberry fairies*

Zittend elfje *Sitting fairy*

Benodigdheden

cArt-us oudrood 517 (P12) • Mi-teintes karton wit C335 (P30),
hooggeel C400 (P10) • Broderymal 11 • MD knipvel 457 elfjes
aardbei • Sulky dennengroen 7056 • Stempelinkt scarlet
• Stempelstokje

What you need

*cArt-us: old red 517 (P12) • Mi-Teintes: white C335 (P30) and
bright yellow C400 (P10) • Brodery template 11 • MD cutting
sheet: strawberry fairies 457 • Sulky thread: pine green 7056
• Stamp-pad ink: scarlet • Sponge stick*

Werkwijze

1. Snijd, ril en vouw een dubbele oudrode kaart van 10,5 x
   14,8 cm. Ril en vouw het midden van de voorkant nogmaals. Snijd een hooggele rechthoek van 5,2 x 8,7 cm en
   een oudrode rechthoek van 4,7 x 8,2 cm.
2. Volg voor het snijden, embossen, voorzien van stempelinkt, prikken en borduren de algemene werkwijze.
   Gebruik het derde patroon van rechts.
3. Plak alle delen op de kaart. Verwerk het elfje in 3D.

Instructions

1. *Cut, score and fold an old red double card (10.5 x
   14.8 cm). Score and fold the middle of the front again.
   Cut a bright yellow rectangle (5.2 x 8.7 cm) and an old
   red rectangle (4.7 x 8.2 cm).*
2. *Follow the general instructions for cutting, embossing,
   pricking, embroidering and using the stamp-pad ink.
   Use the third pattern from the right.*
3. *Stick all the parts on the card and make the fairy 3D.*

Staand elfje *Standing fairy*

Werkwijze

1. Snijd, ril en vouw een dubbele oudrode kaart van 10,5 x 14,8 cm. Snijd een witte rechthoek van 10,5 x 14,8 cm, een hooggele rechthoek van 10,5 x 14,8 cm, een hooggeel vierkant van 7,4 x 7,4 cm en een oudrood vierkant van 7 x 7 cm. Snijd 4 witte strookjes van 0,5 cm breed.
2. Teken op de achterkant van de witte rechthoek de verticale middenlijn. Leg broderymal 16 met de hulplijn op de middenlijn en de 2 bovenste gaatjes van de mal gelijk met de buitenrand van de rechthoek. Volg voor het snijden, prikken en borduren de algemene werkwijze. Gebruik het derde en zesde patroon van links. Plak de witte vorm op de gele rechthoek en snijd het 2 mm groter uit.
3. Pons 8 zonnetjes met een rijgfiguurtje in het midden. Schuif de zonnetjes op de stroken.
4. Plak alle delen op de kaart. Snijd de stroken langs de kaart netjes af. Verwerk het elfje in 3D.

Instructions

1. *Cut, score and fold an old red double card (10.5 x 14.8 cm). Cut a white rectangle (10.5 x 14.8 cm), a bright yellow rectangle (10.5 x 14.8 cm), a bright yellow square (7.4 x 7.4 cm) and an old red square (7 x 7 cm). Cut four white strips (0.5 cm wide).*
2. *Draw a vertical line as a guide on the back of the white rectangle in the middle. Place the guide line of Brodery template 16 on the middle line and the two top holes of the template level with the outside edge of the rectangle. Follow the general instructions for cutting, pricking and embroidering using the third and sixth patterns from the left. Stick the white shape on the yellow rectangle and cut it out leaving a 2 mm border.*
3. *Punch eight suns with an arch in the middle. Weave the suns onto the strips.*
4. *Stick all the parts on the card. Carefully cut the edges of the strips to the size of the card. Make the fairy 3D.*

Benodigdheden

cArt-us oudrood 517 (P12) • Mi-teintes karton wit C335 (P30), hooggeel C400 (P10) • broderymal 16 • MD knipvel 457 elfjes aardbei • Sulky dennengroen 7056 • Clippunch zon en clippunch rijgpons boog

What you need

cArt-us: old red 517 (P12) • Mi-Teintes: white C335 (P30) and bright yellow C400 (P10) • Brodery template 16 • MD cutting sheet: strawberry fairies 457 • Sulky thread: pine green 7056 • Clip Punch: sun and Weave Punch: arch

Aardbeienelfje
Strawberry fairy

Benodigdheden
cArt-us oudrood 517 (P12) • Mi-teintes karton hooggeel C400 (P10) • Pergamano perkamentpapier • Broderymal 15 • MD knipvel 457 elfjes aardbei • Making memories eyelets watercolor muted

What you need
cArt-us: old red 517 (P12) • Mi-Teintes: bright yellow C400 (P10) • Pergamano parchment paper • Brodery template 15 • MD cutting sheet: strawberry fairies • Making memories eyelets: watercolor muted

Werkwijze
1. Snijd, ril en vouw een dubbele oudrode kaart van 13,5 x 13,5 cm. Snijd een perkamenten vierkant van 13 x 13 cm, een hooggeel vierkant van 8,5 x 8,5 cm en een oudrood vierkant van 8 x 8 cm.
2. Leg broderymal 15 gelijk met de buitenrand van het perkamenten vierkant. Volg voor het embossen de algemene werkwijze.
3. Plak alle delen op de kaart. Voorzie de kaart van eyelets. Verwerk het elfje in 3D.

Instructions
1. *Cut, score and fold an old red double card (13.5 x 13.5 cm). Cut a parchment square (13 x 13 cm), a bright yellow square (8.5 x 8.5 cm) and an old red square (8 x 8 cm).*
2. *Place Brodery template 15 level with the outside edge of the parchment square. Follow the general instructions for embossing.*
3. *Stick all the parts on the card. Use eyelets to decorate the card and make the fairy 3D.*

Elfjes *Fairies*

Elfje op bloem
Fairy on a flower

Benodigdheden
cArt-us donkerrood 519 (P43), donkergeel 245 • Broderymal
17 • Ritva's fairies P0-300-01 Elfjes/lieveheersbeestjes
• Sulky goud 7007 en kersenrood 7055 • Clippunch bloem

What you need
*cArt-us: dark red 519 (P43) and dark yellow 245 • Brodery
template 17 • Ritva's fairies P0-300-01 Fairies/Ladybirds
• Sulky thread: gold 7007 and cherry red 7055 • Clip punch:
flower*

Werkwijze
1. Snijd, ril en vouw een dubbele donkerrode kaart van
   13,5 x 13,5 cm. Snijd een donkergeel vierkant van 13 x
   13 cm en een donkerrood vierkant van 9 x 9 cm.
2. Leg broderymal 17 gelijk met de buitenrand van het
   donkerrode vierkant. Leg broderymal 17 gelijk met de
   buitenrand van het donkergele vierkant. Volg voor het
   snijden, embossen, prikken en borduren de algemene
   werkwijze. Gebruik het eerste patroon van rechts van
   mal 17.
3. Plak alle delen op de kaart. Verwerk het elfje in 3D. Pons
   4 bloemetjes. Prik in elk blaadje een gaatje en borduur
   een stervorm. Plak de bloemetjes verhoogd op de geëmboste bloemetjes.

Instructions
1. *Cut, score and fold a dark red double card (13.5 x 13.5 cm).
   Cut a dark yellow square (13 x 13 cm) and a dark red
   square (9 x 9 cm).*
2. *Place Broderymal template 17 level with the outside edge
   of the dark red square. Place Brodery template 17 level
   with the outside edge of the dark yellow square. Follow
   the general instructions for cutting, embossing, pricking
   and embroidering using the first pattern from the right
   on template 17.*
3. *Stick all the parts on the card and make the fairy 3D.
   Punch four flowers. Prick a hole in every leaf and
   embroider a star. Use foam tape or silicon glue to stick
   the flowers on the embossed flowers.*

Elfje op tak
Fairy on a branch

Benodigdheden

cArt-us donkerrood 519 (P43), donkergeel 245 • Broderymal 15 • Ritva's fairies P0-300-01 Elfjes/lieveheersbeestjes • Sulky kersenrood 7055 • Easypunch oranje madelief • Tulip verf pearl geel

What you need

cArt-us: dark red 519 (P43) and dark yellow 245 • Brodery template 15 • Ritva's fairies P0-300-01 Fairies/Ladybirds • Sulky thread: cherry red 7055 • Easypunch: orange daisy • Tulip paint: yellow pearl

Werkwijze

1. Snijd, ril en vouw een dubbele donkerrode kaart van 10,5 x 14,8 cm. Snijd een donkergele rechthoek van 9,5 x 13,8 cm en een donkerrode rechthoek van 9,5 x 13,8 cm.
2. Leg broderymal 15 gelijk met de buitenrand van de donkergele rechthoek. Volg voor het prikken en borduren de algemene werkwijze. Gebruik het eerste patroon van rechts.
3. Teken op de achterkant van de donkerrode rechthoek het middenkruis. Snijd nu de wybervorm.
4. Plak alle delen op de kaart. Verwerk het elfje in 3D. Voorzie de kaart van ponsfiguurtjes en verf.

Instructions

1. Cut, score and fold a dark red double card (10.5 x 14.8 cm). Cut a dark yellow rectangle (9.5 x 13.8 cm) and a dark red rectangle (9.5 x 13.8 cm).
2. Place Brodery template 15 level with the outside edge of the dark yellow rectangle. Follow the general instructions for pricking and embroidering using the first pattern from the right.
3. Draw the guide cross on the back of the dark red rectangle in the middle. Cut the wyber.
4. Stick all the parts on the card and make the fairy 3D. Decorate the card with punched shapes and paint.

Elfje *Fairy*

Werkwijze

1. Snijd, ril en vouw een dubbele donkerrode kaart van 13,5 x 13,5 cm. Snijd een donkergeel vierkant van 14 x 14 cm en een donkerrode cirkel van 6,5 cm.
2. Snijd de hoeken van de kaart met behulp van broderymal 9.
3. Teken op de achterkant van het donkergele vierkant een middenkruis. Volg voor het snijden, prikken en borduren de algemene werkwijze. Gebruik het tweede patroon van links.
4. Plak alle delen op de kaart. Verwerk het elfje in 3D. Voorzie de kaart van ponsfiguurtjes en verf.

Instructions

1. *Cut, score and fold a dark red double card (13.5 x 13.5 cm). Cut a dark yellow square (14 x 14 cm) and a dark red circle (Ø 6.5 cm).*
2. *Use Brodery template 9 to cut the corners of the card.*
3. *Draw the guide cross on the back of the dark yellow square in the middle. Follow the general instructions for cutting, pricking and embroidering using the second pattern from the left.*
4. *Stick all the parts on the card. Make the fairy 3D and decorate the card with punched shapes and paint.*

Benodigdheden
cArt-us donkerrood 519 (P43), donkergeel 245 • Broderymal 9 • Ritva's fairies Po-300-01 Elfjes/lieveheersbeestjes • Sulky kersenrood 7055 • Easypunch oranje madelief • Tulip verf pearl geel

What you need
cArt-us: dark red 519 (P43) and dark yellow 245 • Brodery template 9 • Ritva's fairies Po-300-01 Fairies/Ladybirds • Sulky thread: cherry red 7055 • Easypunch: orange daisy • Tulip paint: yellow pearl

Dieren *Animals*

Katten *Cats*

Benodigdheden

cArt-us donkerblauw 417 (P41), oudrood 517 (P12)
• Broderymal 17 • Picturel knipvel 1059 dieren in
het voorjaar • Sulky blauw 7016 • Easypunch groen
madelief • Design-it sticker bloemen 2 goud

What you need

cArt-us: dark blue 417 (P41) and old red 517 (P12)
• Brodery template 17 • Picturel cutting sheet: 1059
animals in the spring • Sulky thread: blue 7016 •
Easypunch: green daisy • Design-it sticker: flowers 2 gold

Werkwijze

1. Snijd, ril en vouw een dubbele donkerblauwe kaart van
   10,5 x 14,8 cm. Snijd een oudrode rechthoek van 10 x
   14,3 cm en een donkerblauwe rechthoek van 6 x 7 cm.
2. Teken op de achterkant van de oudrode rechthoek een
   middenkruis. Leg het middenstuk van broderymal 15
   gelijk met de buitenrand van de rechthoek. Volg voor het
   embossen, prikken en borduren de algemene werkwijze.
   Gebruik het tweede patroon van rechts.
3. Plak alle delen op de kaart. Verwerk de katten in 3D.
   Voorzie de kaart van ponsfiguurtjes en stickertjes.

Instructions

1. *Cut, score and fold a dark blue double card (10.5 x
   14.8 cm). Cut an old red rectangle (10 x 14.3 cm) and
   a dark blue rectangle (6 x 7 cm).*
2. *Draw the guide cross on the back of the old red rectangle
   in the middle. Place the middle of Brodery template 15
   level with the outside edge of the rectangle. Follow the
   general instructions for embossing, pricking and*
   embroidering using the second pattern from the right.
3. *Stick all the parts on the card. Make the cats 3D and
   decorate the card with punched shapes and stickers.*

Lammetjes *Lambs*

Benodigdheden

cArt-us donkerblauw 417 (P41), oudrood 517 (P12) • Broderymal 13 en 14 • Picturel knipvel 1059 dieren in het voorjaar • Sulky goud 7007 • Easypunch oranje madelief • Tekststicker

What you need

cArt-us: dark blue 417 (P41) and old red 517 (P12) • Brodery templates 13 and 14 • Picturel cutting sheet: 1059 animals in the spring • Sulky thread: gold 7007 • Easypunch: orange daisy • Text sticker

Werkwijze

1. Snijd, ril en vouw een dubbele donkerblauwe kaart van 10,5 x 14,8 cm. Snijd een donkerblauwe rechthoek van 10,4 x 14,7 cm, een donkerblauwe cirkel van 11 cm, een oudrode cirkel van 12 cm en een oudrode cirkel van 7 cm.
2. Leg broderymal 13 in de hoeken van de kaart. Leg broderymal 14 op de cirkel. Volg voor het prikken en borduren de algemene werkwijze. Gebruik het eerste patroon van rechts van mal 14. Maak een steelsteek voor de halve cirkel. Sla hiervoor steeds 3 gaatjes over aan de voorkant.
3. Plak alle delen op en in de kaart. Verwerk het plaatje in 3D. Voorzie de kaart van ponsfiguurtjes.

Instructions

1. *Cut, score and fold a dark blue double card (10.5 x 14.8 cm). Cut a dark blue rectangle (10.4 x 14.7 cm), a dark blue circle (Ø 11 cm) and two old red circles (Ø 12 cm and Ø 7 cm).*
2. *Place Brodery template 13 in the corners of the card. Place Brodery template 14 on the circle. Follow the general instructions for pricking and embroidering using the first pattern from the right on template 14. Make a stem stitch for the semicircle by missing three holes on the front each time.*
3. *Stick everything on and in the card. Make the picture 3D and use punched shapes to decorate the card.*

Hond *Dog*

Werkwijze

1. Snijd een donkerblauwe rechthoek van 10,5 x 27,8 cm. Ril en vouw op 3 cm van de rechterkant en op 10 cm van de linkerkant. Snijd twee oud-rode stroken van 3,5 cm.
2. Geef op de twee zijkanten van de kaart het midden aan. Leg broderymal 12 met een kleine punt gelijk met dit midden en snijd de zijkanten. Volg voor het prikken en borduren de algemene werkwijze.
3. Snijd de oudrode stroken. Pons 8 figuurtjes.
4. Plak alle delen op en achter de kaart. Verwerk de hond in 3D.

Instructions

1. Cut a dark blue rectangle (10.5 x 27.8 cm). Score and fold the square 3 cm from the right-hand edge and 10 cm from the left-hand edge. Cut two old red strips (3.5 cm wide).
2. Mark the middle of both sides of the card. Place Brodery template 12 with the small point level with the mark and cut the sides. Follow the general instructions for pricking and embroidering.
3. Cut the old red strips. Punch eight shapes.
4. Stick everything on and behind the card and make the dog 3D.

Benodigdheden

cArt-us donkerblauw 417 (P41), oudrood 517 (P12) • Broderymal 12 • Picturel knipvel 1059 dieren in het voorjaar • Sulky goud 7007 • Easypunch oranje draaiend rad

What you need

cArt-us: dark blue 417 (P41) and old red 517 (P12) • Brodery template 12 • Picturel cutting sheet 1059 animals in the spring • Sulky thread: gold 7007 • Easypunch: orange wheel

Gezellige kaarten *Convivial cards*

Viooltjes *Violets*

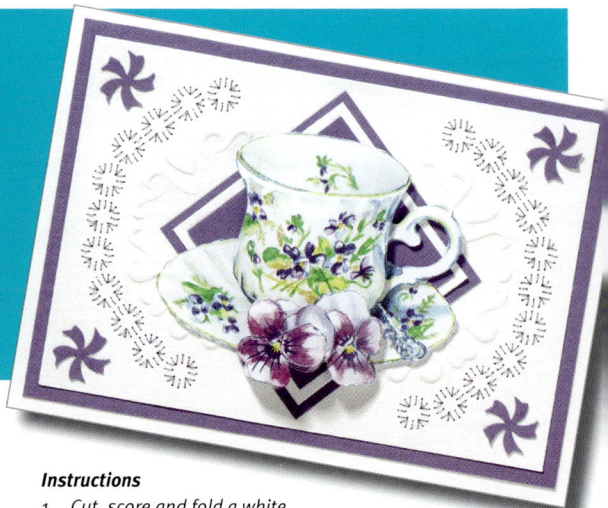

Benodigdheden
cArt-us paars 426 (P46) • Mi-teintes wit C335 (P30)
• Broderymal 18 • Knipvel images 455 kop en schotel
• Sulky paars 7050 • Easypunch oranje draaiend rad

What you need
cArt-us: purple 426 (P46) • Mi-Teintes: white C335 (P30)
• Brodery template 18 • Cutting sheet: images 455 cup
and saucer • Sulky thread: purple 7050 • Easypunch:
orange wheel

Werkwijze
1. Snijd, ril en vouw een dubbele witte kaart van 10,5 x 14,8 cm. Snijd een paarse rechthoek van 9,7 x 14 cm en een witte rechthoek van 9 x 13,3 cm, een paars vierkant van 6 x 6 cm, een wit vierkant van 5,5 x 5,5 cm en een paars vierkant van 5 x 5 cm.
2. Leg de rand van de mal gelijk met de buitenrand van de witte rechthoek. Volg voor het embossen, prikken en borduren de algemene werkwijze. Gebruik het tweede patroon van links.
3. Plak alle delen op de kaart. Verwerk de kop en schotel in 3D. Voorzie de kaart van ponsfiguurtjes.

Instructions
1. Cut, score and fold a white double card (10.5 x 14.8 cm). Cut a purple rectangle (9.7 x 14 cm), a white rectangle (9 x 13.3 cm), two purple squares (6 x 6 cm and 5 x 5 cm) and a white square (5.5 x 5.5 cm).
2. Place the edge of the template level with outside edge of the white rectangle. Follow the general instructions for embossing, pricking and embroidering using the second pattern from the left.
3. Stick all the parts on the card. Make the cup and saucer 3D and use punched shapes to decorate the card.

High tea *High tea*

Werkwijze

1. Snijd, ril en vouw een dubbele witte kaart van 13,5 x 13,5 cm. Snijd een wit vierkant van 9 x 9 cm, een paars vierkant van 4,5 x 4,5 cm, een wit vierkant van 4 x 4 cm en een paars vierkant van 3,5 x 3,5 cm.
2. Snijd volgens de instructies op de simple shortcuts-mal de paarse vlakken. Gebruik voor de witte vlakken de easypunch.
3. Snijd het grote witte vierkant met behulp van brodery-mal 18 tot een achthoek. Volg voor het prikken en borduren de algemene werkwijze. Gebruik het eerste patroon van rechts en patroon C.
4. Plak alle delen op de kaart. Verwerk de kop en schotel in 3D. Voorzie de kaart van de letters.

Instructions

1. *Cut, score and fold a white double card (13.5 x 13.5 cm). Cut two white squares (9 x 9 cm and 4 x 4 cm) and two purple squares (4.5 x 4.5 cm and 3.5 x 3.5 cm).*
2. *Follow the instructions given on the simple shortcut template to cut the purple squares. Use the Easypunch to cut the white squares.*
3. *Use Brodery template 18 to cut the large white square into an octagon. Follow the general instructions for pricking and embroidering using the first pattern from the right and pattern C.*
4. *Stick all the parts on the card. Make the cup and saucer 3D and decorate the card with the letters.*

Benodigdheden

cArt-us paars 426 (P46) • Mi-teintes karton wit C335 (P30) • Simple shortcuts mal nr. 4 • Easypunch groen vierkant • Broderymal 18 • Patroon C • Knipvel images 460 kop taart bloem • Sulky paars 7050 • Zip'eMate • Accucut stans JellyBean hoofdletters

What you need

cArt-us: purple 426 (P46) • Mi-Teintes: white C335 (P30) • Simple shortcuts template no. 4 • Easypunch: green square • Brodery template 18 • Pattern C • Cutting sheet: images 460 cup and saucer, cake flower • Sulky thread: purple 7050 • Zip'eMate • Accucut punch: JellyBean capital letters

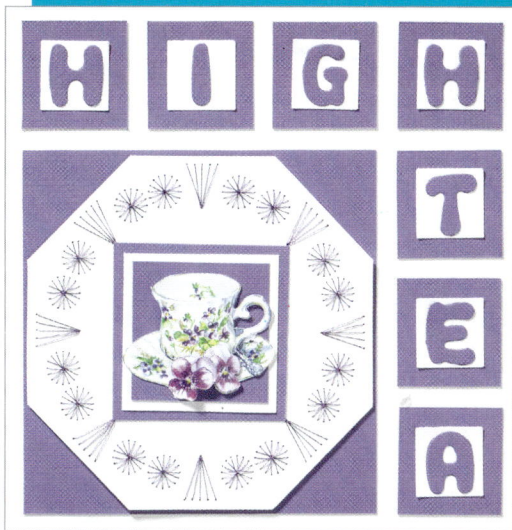

Anemoon *Anemone*

Benodigdheden

cArt-us paars 426 (P46) • Mi-teintes wit C335 (P30)
• Broderymal 7 • Knipvel images 455 kop en schotel
• Sulky paars 7050

What you need

cArt-us: purple 426 (P46) • Mi-Teintes: white C335 (P30)
• Brodery template 7 • Cutting sheet: images 455 cup and
saucer • Sulky thread: purple 7050

Werkwijze

1. Snijd, ril en vouw een dubbele paarse kaart van 13,5 x 13,5 cm. Snijd een wit vierkant van 12,5 x 12,5 cm, een paars vierkant van 12 x 12 cm en een wit vierkant van 12 x 12 cm.
2. Teken op de achterkant van het kleinste witte vierkant een middenkruis. Leg het midden van broderymal 7 gelijk met de middenlijn. Volg voor het snijden, embossen, prikken en borduren de algemene werkwijze. Gebruik het tweede patroon van rechts.
3. Plak alle delen op de kaart. Verwerk de kop en schotel in 3D.

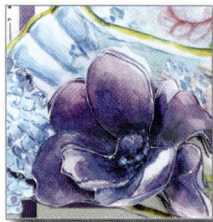

Instructions

1. *Cut, score and fold a purple double card (13.5 x 13.5 cm). Cut two white squares (12.5 x 12.5 cm and 12 x 12 cm) and a purple square (12 x 12 cm).*
2. *Draw a guide cross on the back of the smallest white square in the middle. Place the middle of Brodery template 7 in the middle of the square. Follow the general instructions for cutting, embossing, pricking and embroidering using the second pattern from the right.*
3. *Stick all the parts on the card and make the cup and saucer 3D.*

Kleine anemoon *Small anemone*

Benodigdheden
cArt-us paars 426 (P46) • Mi-teintes karton wit C335 (P30) • Broderymal 16 • Knipvel images 455 kop en schotel • Sulky paars 7050

What you need
cArt-us: purple 426 (P46) • Mi-Teintes: white C335 (P30) • Brodery template 16 • Cutting sheet: images 455 cup and saucer • Sulky thread: purple 7050

Werkwijze
1. Snijd, ril en vouw een dubbele paarse kaart van 13,5 x 13,5 cm. Snijd een wit vierkant van 13 x 13 cm, een paars vierkant van 12,5 x 12,5 cm, een wit vierkant van 11,8 x 11,8 cm, een paars vierkant van 5,4 x 5,4 cm, een wit vierkant van 4,9 x 4,9 cm en een paars vierkant van 4,4 x 4,4 cm.
2. Teken op de achterkant van het witte vierkant van 11,8 x 11,8 cm een middenkruis. Leg de hoek van de broderymal gelijk met de hoek van dit vierkant. Volg voor het embossen, prikken en borduren de algemene werkwijze. Gebruik het vierde patroon van links.
3. Plak alle delen op de kaart. Verwerk de kop en schotel in 3D.

Instructions
1. *Cut, score and fold a purple double card (13.5 x 13.5 cm). Cut three white squares (13 x 13 cm, 11.8 x 11.8 and 4.9 x 4.9 cm) and three purple squares (12.5 x 12.5 cm, 5.4 x 5.4 cm and 4.4 x 4.4 cm).*
2. *Draw a guide cross on the back of the white square (11.8 x 11.8 cm). Place the corner of the Brodery template level with the corner of this square. Follow the general instructions for embossing, pricking and embroidering using the fourth pattern from the left.*
3. *Stick all the parts on the card and make the cup and saucer 3D.*

Eekhoorntjes *Squirrels*

Krans *Wreath*

Benodigdheden
cArt-us karton oker 575 (P26), terracotta 549 (P35), crème 241 (P27) • Broderymal 13 • MD knipvel 466 eekhoorntjes • Sulky donker koperrood 7010

What you need
cArt-us: ochre 575 (P26), terracotta 549 (P35) and cream 241 (P27) • Brodery template 13 • MD cutting sheet: 466 squirrels • Sulky thread: dark copper red 7010

Werkwijze
1. Snijd, ril en vouw een dubbele okerkleurige kaart van 10,5 x 14,8 cm. Snijd een terracottakleurige rechthoek van 9,5 x 13,8 cm en een crèmekleurige rechthoek van 9 x 13,3 cm.
2. Teken op de achterkant van de crèmekleurige rechthoek de lange middenlijn. Leg de hoek van de mal gelijk met de hoek van de crèmekleurige rechthoek en snijd langs de mal tot de middenlijn. Doe dit viermaal. Volg voor het embossen, prikken en borduren de algemene werkwijze. Gebruik het eerste patroon van rechts.
3. Plak alle delen op de kaart. Verwerk de eekhoorn in 3D.

Instructions
1. Cut, score and fold an ochre double card (10.5 x 14.8 cm). Cut a terracotta rectangle (9.5 x 13.8 cm) and a cream rectangle (9 x 13.3 cm).
2. Draw the long centre line on the back of the cream rectangle. Place the corner of the template level with the corner of the cream rectangle and cut along the template as far as the centre line. Do this four times. Follow the general instructions for embossing, pricking and embroidering using the first pattern from the right.
3. Stick all the parts on the card and make the squirrel 3D.

Mand *Basket*

Benodigdheden

cArt-us karton oker 575 (P26), terracotta 549 (P35), crème 241 (P27) • Broderymal 8 en 16 • MD knipvel 466 eekhoorntjes • Sulky donker koperrood 7010 • Tulip verf pearl brons

What you need

cArt-us: ochre 575 (P26), terracotta 549 (P35) and cream 241 (P27) • Brodery templates 8 and 16 • MD cutting sheet: 466 squirrels • Sulky thread: dark copper red 7010 • Tulip paint: bronze pearl

Werkwijze

1. Snijd een okerkleurige rechthoek van 14,8 x 21 cm. Ril en vouw de rechthoek op 4,5 cm en 7,5 cm van de zijkanten. Snijd twee terracotta-kleurige stroken van 4 x 14,8 cm, twee crèmekleurige stroken van 3 x 14,8 cm, een terracottakleurig vierkant van 10,5 x 10,5 cm en een crèmekleurig vierkant van 10 x 10 cm.
2. Volg voor het snijden, embossen, prikken en borduren van de stroken de algemene werkwijze. Gebruik het twee-de patroon van rechts. Leg broderymal 16 in de hoeken van het crèmekleurige vierkant. Volg voor het prikken en borduren de algemene werkwijze. Gebruik het derde patroon van rechts.
3. Plak alle delen op de kaart. Voorzie de kaart van stipjes verf en laat dit drogen. Verwerk de eekhoorn in 3D.

Instructions

1. *Cut an ochre rectangle (14.8 x 21 cm). Score and fold the rectangle 4.5 cm and 7.5 cm from the sides. Cut two terra-cotta strips (4 x 14.8 cm), two cream strips (3 x 14.8 cm), a terracotta square (10.5 x 10.5 cm) and a cream square (10 x 10 cm).*
2. *Follow the general instructions for cutting, embossing, pricking and embroidering the strips using the second pattern from the right. Place Brodery template 16 in the corners of the cream square. Follow the general instruc-tions for pricking and embroidering using the third pat-tern from the right.*
3. *Stick all the parts on the card. Paint dots on the card to decorate it and allow the paint to dry. Make the squirrel 3D.*

Huwelijk *Marriage*

Duiven *Doves*

Benodigdheden

cArt-us aquablauw 427 (P06) • Mi-teintes karton wit C335 (P30) • Broderymal 14 • Picturel knipvel 1062 huwelijk • Sulky donkerroze 7013 • Bazzill basics brads square monochromatic blue

What you need

cArt-us: aqua blue 427 (P06) • Mi-Teintes: white C335 (P30) • Brodery template 14 • Picturel cutting sheet: 1062 marriage • Sulky thread: dark pink 7013 • Bazzill basics Brads: square monochromatic blue

Werkwijze

1. Snijd, ril en vouw een dubbele aquablauwe kaart van 10,5 x 14,8 cm. Snijd een witte rechthoek van 10 x 14,3 cm.
2. Teken op de achterkant van de witte rechthoek de lange middenlijn. Leg het bovenste gaatje van de broderymal gelijk met de buitenrand van de rechthoek en de hulplijn op de middenlijn. Volg voor het embossen, prikken en borduren de algemene werkwijze. Gebruik het eerste patroon van links. Prik ook het middengaatje van de vierkanten.
3. Plak alle delen op de kaart. Voorzie de kaart van brads. Verwerk de duiven in 3D.

Instructions

1. *Cut, score and fold an aqua blue double card (10.5 x 14.8 cm). Cut a white rectangle (10 x 14.3 cm).*
2. *Draw the long centre line on the back of the white rectangle. Place the top hole of the Brodery template level with the outside edge of the rectangle and place the guide line on the centre line. Follow the general instructions for embossing, pricking and embroidering using the first pattern from the left. Also prick the middle hole of the squares.*
3. *Stick all the parts on the card. Decorate the card with Brads and make the doves 3D.*

Bruidspaar
Bride and groom

Werkwijze

1. Snijd, ril en vouw een dubbele aquablauwe kaart van 13,5 x 13,5 cm. Snijd een wit vierkant van 13 x 13 cm, een zachtroze vellum vierkant van 13 x 13 cm, een wit vierkant van 9 x 9 cm en een aquablauw vierkant van 9 x 9 cm.
2. Leg de hoek van de broderymal gelijk met de hoek van het zachtroze vellum. Volg voor het embossen de algemene werkwijze. Plak het zachtroze vierkant met non-permanente tape op het witte vierkant. Volg voor het prikken en borduren de algemene werkwijze. Gebruik het eerste patroon van links met twee kleuren garen.
3. Snijd het witte en aquablauwe vierkant met broderymal 18 tot een achthoek.
4. Plak alle delen op de kaart. Voorzie de kaart van snaps. Verwerk het bruidspaar in 3D.

Instructions

1. *Cut, score and fold an aqua blue double card (13.5 x 13.5 cm). Cut two white squares (13 x 13 cm and 9 x 9 cm), a pale pink vellum square (13 x 13 cm) and an aqua blue square (9 x 9 cm).*
2. *Place the corner of the Brodery template level with the corner of the pale pink vellum. Follow the general instructions for embossing. Use non-permanent tape to stick the pale pink square on the white square. Follow the general instructions for pricking and embroidering using the first pattern from the left and threads of two different colours.*
3. *Use Brodery template 18 to cut the white square and the aqua blue square into an octagon.*
4. *Stick all the parts on the card. Use Snaps to decorate the card and make the bride and groom 3D.*

Benodigdheden

cArt-us karton aquablauw 427 (P06) • Mi-teintes karton wit C335 (P30) • Pergamano perkament vellum 30,5 x 30,5 cm zachtroze • Broderymal 17 en 18 • Picturel knip-vel 1062 huwelijk • Sulky donkerroze 7013 en blauw 7016 • Making memories snaps watercolor brite

What you need

cArt-us: aqua blue 427 (P06) • Mi-Teintes: white C335 (P30) • Pergamano parchment vellum: pale pink (30.5 x 30.5 cm) • Brodery templates 17 and 18 • Picturel cutting sheet: 1062 marriage • Sulky thread: dark pink 7013 and blue 7016 • Making memories Snaps: watercolor brite

Condoleance *Condolence cards*

Bloementak
Flower branch

Benodigdheden
Bazzill karton morning glory 641, jubilee 603, velvet 605
• Broderymal 15 en 16 • Picturel knipvel 1066 condoleance
• Sulky paars 7050 • Easypunch oranje madelief • Strass-
steentjes lavendel

What you need
Bazzill: morning glory 641, jubilee 603 and velvet 605
• Brodery templates 15 and 16 • Picturel cutting sheet:
1066 condolence • Sulky thread: purples 7050
• Easypunch: orange daisy • Adhesive stones: lavender

Werkwijze
1. Snijd, ril en vouw een dubbele middenpaarse kaart
   van 13,5 x 13,5 cm. Snijd een donkerpaars vierkant van
   9,4 x 9,4 cm, een lichtpaars vierkant van 8,6 x 8,6 cm,
   een donkerpaars vierkant van 6,5 x 6,5 cm, een lichtpaars
   vierkant van 6 x 6 cm en een donkerpaars vierkant van
   5 x 5 cm. Snijd alle vierkanten, behalve de kleinste,
   diagonaal doormidden.
2. Leg broderymal 15 gelijk met de hoek van de kleine lichtpaarse driehoeken. Leg broderymal 16 gelijk met de hoek
   van de grote lichtpaarse driehoek. Volg voor het embossen, prikken en borduren de algemene werkwijze.
   Gebruik het derde patroon van links van mal 15.
3. Plak alle benodigde delen op de kaart. Verwerk de
   bloementak in 3D. Voorzie de kaart van ponsfiguurtjes
   en strass-steentjes.

Instructions
1. *Cut, score and fold a mid-purple double card (13.5 x
   13.5 cm). Cut three dark purple squares (9.4 x 9.4 cm,
   6.5 x 6.5 cm and 5.5 x 5.5 cm) and two pale purple
   squares (8.6 x 8.6 cm and 6 x 6 cm). Cut all the squares,
   except the smallest, diagonally in two.*
2. *Place Brodery template 15 level with the corner of the
   smallest pale purple triangle. Place Brodery template 16
   level with the corner of the largest pale purple triangle.
   Follow the general instructions for embossing, pricking
   and embroidering using the third pattern from the left on
   template 15.*
3. *Stick all the parts on the card and make the flower branch
   3D. Decorate the card with punched shapes and adhesive
   stones.*

Grote bloem
Large flower

Benodigdheden
Bazzill karton morning glory 641, jubilee 603, velvet 605
• Broderymal 17 • Picturel knipvel 1066 condoleance
• Sulky paars 7050 • Strass-steentjes lavendel

What you need
Bazzill: morning glory 641, jubilee 603 and velvet 605
• Brodery template 17 • Picturel cutting sheet:
1066 condolence • Sulky thread: purple 7050 • Adhesive
stones: lavender

Werkwijze
1. Snijd, ril en vouw een dubbele middenpaarse kaart van
   10,5 x 14,8 cm. Snijd een donkerpaarse rechthoek van
   10 x 14,3 cm, een lichtpaarse rechthoek van 9,5 x 13,8 cm,
   een middenpaarse rechthoek van 4 x 9 cm en een donkerpaarse rechthoek van 3,5 x 8,5 cm.
2. Teken op de achterkant van de lichtpaarse rechthoek de
   lange middenlijn. Leg broderymal 17 gelijk met de hoek
   van de lichtpaarse rechthoek en leg de mal vervolgens
   schuin op de rechthoek met het midden gelijk aan de
   middenlijn. Volg voor het embossen, prikken en borduren
   de algemene werkwijze. Gebruik het eerste patroon van
   rechts.
3. Plak alle delen op de kaart. Verwerk de bloem in 3D.
   Voorzie de kaart van strass-steentjes.

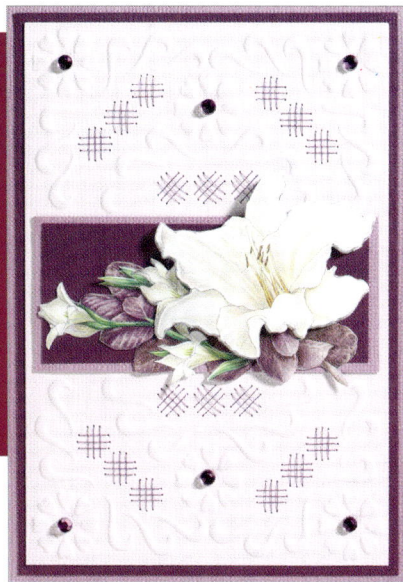

Instructions
1. *Cut, score and fold a mid-purple double card (10.5 x
   14.8 cm). Cut two dark purple rectangles (10 x 14.3 cm
   and 3.5 x 8.5 cm), a pale purple rectangle (9.5 x 13.8 cm)
   and a mid-purple rectangle (4 x 9 cm).*
2. *Draw the long centre line on the back of the pale purple
   rectangle. Place Brodery template 17 level with the corner
   of the pale purple rectangle and then place the template
   diagonally on the rectangle with the middle level with the
   centre line. Follow the general instructions for embossing, pricking and embroidering using the first pattern
   from the right.*
3. *Stick all the parts on the card and make the flower 3D.
   Use adhesive stones to decorate the card.*

Krans
Wreath

Werkwijze

1. Snijd twee middenpaarse cirkels van 13,5 cm. Maak volgens patroon E een verbindingshaakje en plak dit tussen de cirkels. Snijd een donkerpaarse cirkel van 12 cm, een lichtpaarse cirkel van 11 cm en een donkerpaarse cirkel van 6,2 cm.
2. Leg broderymal 14 op de lichtpaarse cirkel. Volg voor het prikken en borduren de algemene werkwijze. Prik alle gaatjes van de buitenste rand. Prik het onderste gaatje van het vierkant in het midden. Sla een vierkant over en prik dan weer het onderste gaatje. Gebruik patroon F.
3. Plak alle delen op de kaart. Verwerk de krans in 3D. Voorzie de kaart van ponsfiguurtjes en strass-steentjes.

Instructions

1. *Cut two mid-purple circles (Ø 13.5 cm). Use pattern E to make a hook and stick this between the circles. Cut two dark purple circles (Ø 12 cm and Ø 6.2 cm) and a pale purple circle (Ø 11 cm).*
2. *Place Brodery template 14 on the pale purple circle. Follow the general instructions for pricking and embroidering. Prick all the holes of the outer border. Prick the bottom hole of the square in the middle. Miss a square and then prick the bottom hole of the next square. Use pattern F.*
3. *Stick all the parts on the card and make the wreath 3D. Decorate the card with punched shapes and adhesive stones.*

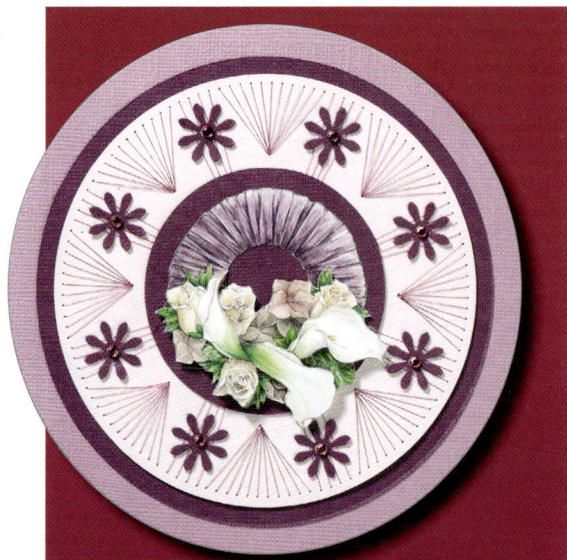

Benodigdheden

Bazzill karton morning glory 641, jubilee 603, velvet 605 • Patroon E en F • Broderymal 14 • Picturel knipvel 1066 condoleance • Sulky lavendel 7012 • Easypunch oranje madelief • Strass-steentjes lichtroze

What you need

Bazzill: morning glory 641, jubilee 603 and velvet 605 • Patterns E and F • Brodery template 14 • Picturel cutting sheet: 1066 condolence • Sulky thread: lavender 7012 • Easypunch: orange daisy • Adhesive stones: pale pink

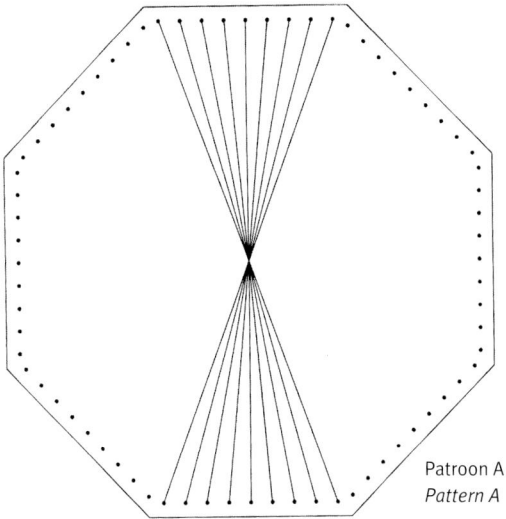

Patroon A
Pattern A

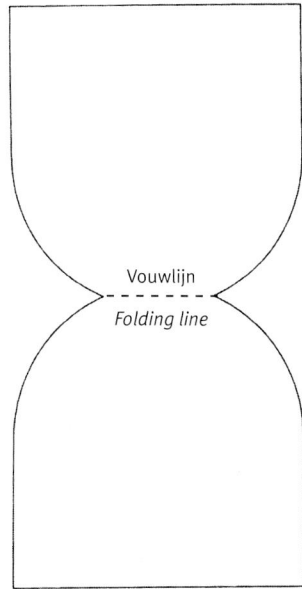

Patroon B
Pattern B

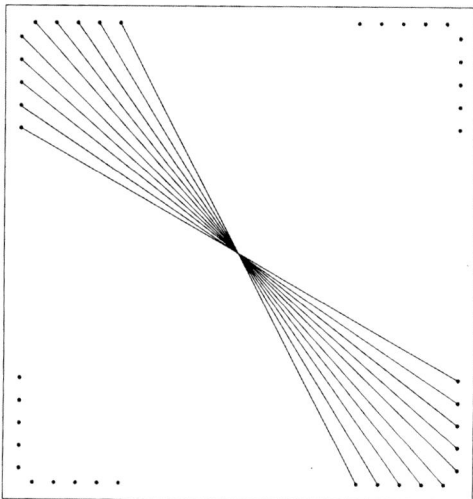

Vouwlijn
Folding line

Patroon E
Pattern E

Patroon C
Pattern C

Patroon D
Pattern D

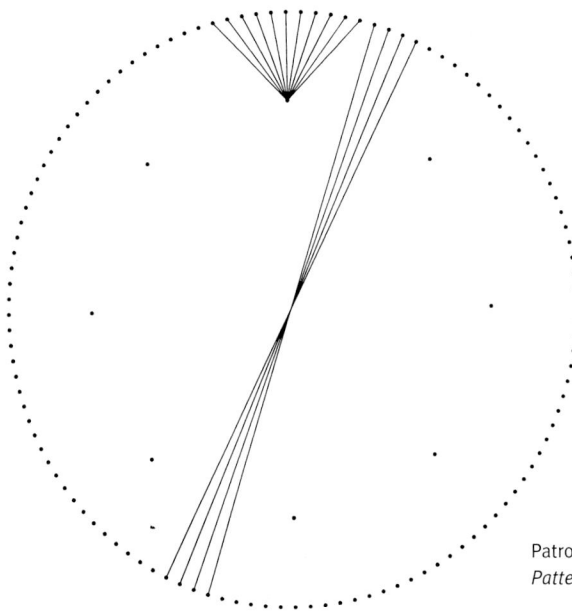

Patroon F
Pattern F

Met dank aan Kars & Co B.V. te Ochten, Marianne Design te Apeldoorn, Romak te Hillegom, Papicolor te Utrecht en Hobbyzaak Crealies te Amersfoort voor het ter beschikking stellen van de materialen.

De gebruikte materialen zijn door particulieren o.a. te bestellen bij Hobbyzaak Crealies, Anna Boelensgaarde 23, 3824 BR Amersfoort, 033-4564052 (tot 18.00 uur) De winkel is open na telefonische afspraak. E-mail: info@crealies.nl. Kijk ook eens op www.crealies.nl Je kunt op de hoogte blijven van alle nieuwe, door mij ontworpen, producten door het info-formulier op de website in te vullen.

Many thanks to Kars & Co. B.V. in Ochten, the Netherlands, Marianne Design in Apeldoorn, the Netherlands, Romak in Hillegom, the Netherlands, Papicolor B.V. in Utrecht, the Netherlands and Hobbyzaak Crealies in Amersfoort, the Netherlands, for providing the materials.

The materials can be ordered by card-makers from craft shop Crealies, Anna Boelensgaarde 23, 3824 BR Amersfoort, the Netherlands, +31 (0)33 -4564052 (until 6 p.m.). The shop is open by telephone appointment. E-mail: info@crealies.nl. Also see www.crealies.nl. Please complete the form on the website if you wish to remain informed of all the latest products.